Eckhart Tolle
Robert S. Friedman
Miltons Geheimnis

Eine abenteuerliche Entdeckungsreise durch Damals und Demnächst
in das Wunder dieses Moments

Illustrationen von Frank Riccio

Originalausgabe:
Milton's Secret
(©) 2008 by Eckhart Tolle and Robert S. Friedman
Illustrations (©) 2008 by Frank Riccio

Published by Hampton Roads Publishing Company, Inc.
Co-published with Namaste Publishing, Canada (www.namastepublishing.com)

Published by arrangement with Waterside Poductions and
Hampton Roads Publishing Co. Inc., Charlottesville, Virginia, USA

Dieses Werk wurde vermittelt durch die
Literarische Agentur Thomas Schlück GmbH, 30827 Garbsen.

Eckhart Tolle / Robert S. Friedman:
Miltons Geheimnis
Projektleitung: Marianne Nentwig
© für die deutsche Ausgabe:
J. Kamphausen Verlag &
Distribution GmbH, Bielefeld 2009
info@j-kamphausen.de

Übersetzung: Paro Christine Bolam
Lektorat: Dana Haralambie
Umschlag- und Buchlayout:
Bookwrights Design / Frank Riccio
Satz der deutschen Ausgabe: Wilfried Klei
Druck & Verarbeitung:
Westermann Druck Zwickau

www.weltinnenraum.de

1. Auflage 2009
Die Deutsche Bibliothek – CIP-Einheitsaufnahme
Ein Titelsatz für diese Publikation
ist bei der Deutschen Bibliothek erhältlich.

ISBN 978-3-89901-176-0

*Für meine Kinder
Jonathan, Matthew, Marc und Sophia,
die mich jeden Tag aufs Neue inspirieren.*
Robert S. Friedman

Für meine Patenkinder Justin, Francesca und Jackie Boy.
Frank Riccio

Milton war ein fröhlicher und
aufgeschlossener Junge und er liebte
das Leben. Er liebte seine Mama,
seinen Papa und das schöne Haus,
in dem er wohnte.
Er liebte seine Katze Snuggi.

Er ging sehr gerne zur Schule und freute sich immer auf seine Lehrerin Frau Ferguson.

In der Pause spielte er begeistert Völkerball.

Doch das Allerschönste für ihn war,
mit seinem Vater nach dem Essen in die Eisdiele
zu gehen, um seinen Lieblingseisbecher zu essen.

Eines Tages, als Milton gerade in der Schule
mit seinem Freund Timmy Fangen spielte, stand
plötzlich ein großer, finster aussehender Junge vor
ihm. Sein Name war Carter. „Milton!" sagte der
Junge und grinste verächtlich. „Was ist denn das
für ein bescheuerter Name? Du hast sie doch nicht
mehr alle!"

Dann versetzte er Milton einen kräftigen
Schubs, der stolperte und so unsanft zu Boden fiel,
dass er sich beide Knie aufschürfte.

Milton war ganz durcheinander und
erschrocken und kämpfte mit den Tränen.

In diesem Moment eilte Frau Ferguson
zu ihm herüber und nahm ihn bei der Hand.

„Carter, du gehst sofort in deine Klasse
zurück!", sagte sie streng.

Carter wandte sich zum Gehen, doch
nach ein paar Schritten blickte er zu Milton
zurück und murmelte so etwas wie: „Warte
nur, beim nächsten Mal krieg' ich dich!"

Am Abend merkten Miltons Eltern und sein Großvater, der gerade zu Besuch war, dass mit dem Jungen irgendetwas nicht stimmte. Er lächelte kaum, schob sein Essen auf dem Teller hin und her und freute sich nicht einmal über den anschließenden Gang zur Eisdiele.

„Was hast du denn, Milton? Stimmt etwas nicht?", fragte seine Mutter.

„Nein," sagte Milton, „es ist nichts."

In dieser Nacht konnte Milton nicht einschlafen. Er dachte über seine Begegnung mit Carter nach und machte sich Sorgen, was wohl beim nächsten Mal passieren würde.

„Warum hackt er bloß auf *mir* herum?", fragte er sich immer wieder.

„Warum *ich*?"

„Was wird er mir beim *nächsten* Mal antun?"

Je länger er über all diese Dinge nachdachte, desto größer wurde seine Angst. Er dachte so intensiv darüber nach, dass er immer mehr Angst bekam – bis er ganz vergaß, dass er in einem warmen Bett in seinem kleinen Zimmer lag.

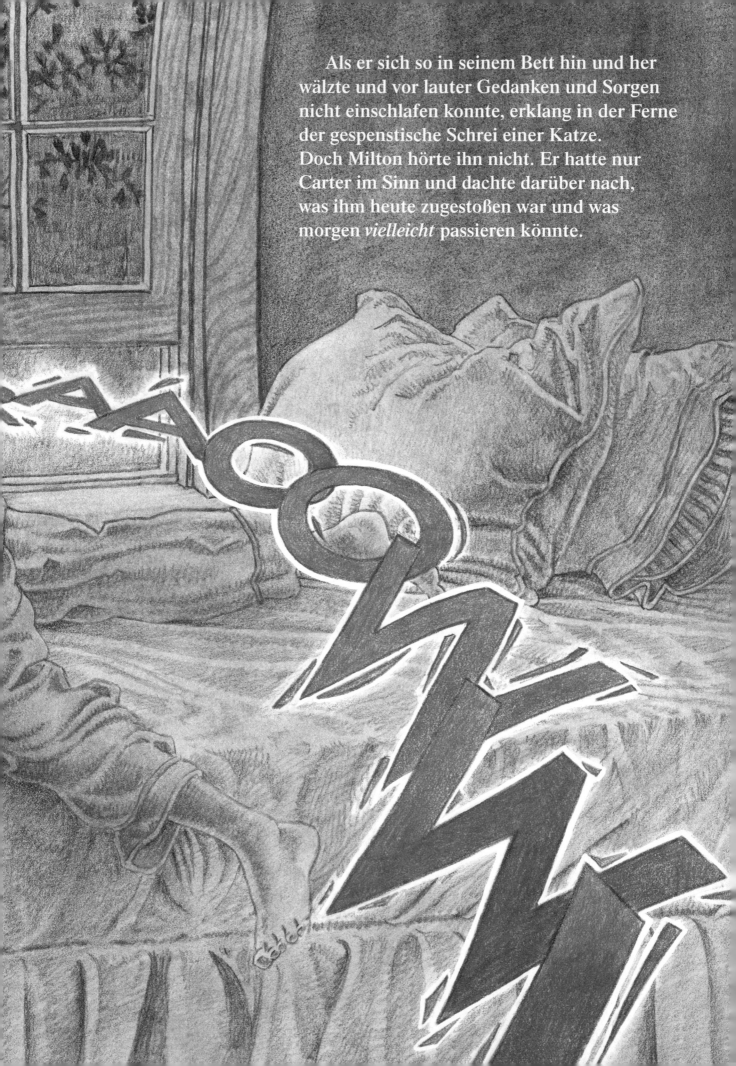

Als er sich so in seinem Bett hin und her
wälzte und vor lauter Gedanken und Sorgen
nicht einschlafen konnte, erklang in der Ferne
der gespenstische Schrei einer Katze.
Doch Milton hörte ihn nicht. Er hatte nur
Carter im Sinn und dachte darüber nach,
was ihm heute zugestoßen war und was
morgen *vielleicht* passieren könnte.

Am nächsten Morgen war er so müde, dass er sich ständig die Augen reiben musste.

Er ging hinunter in die Küche, um sich wie jeden Morgen als Erstes um Snuggis Frühstück zu kümmern. Er öffnete die Küchentür – und fuhr erschreckt zurück. Die arme Snuggi war völlig zerrupft. Ihre rechte Vorderpfote blutete, ihr linkes Ohr sah aus, als hätte jemand ein Stück herausgerissen und in ihrem Fell gab es mehrere kahle Stellen.

Milton stieß einen Schrei aus. „Oh Snuggi! Was ist bloß mit dir passiert?"

Er nahm seine Katze auf den Arm und rieb seine Wange an ihrem weichen Fell.

„Ich wette, das war Brutus. Der sollte doch eigentlich immer im Hof angekettet sein. Arme Snuggi."

Miltons Eltern und sein Großvater hatten seinen Schrei gehört und liefen herbei, um zu sehen, was geschehen war.

„Seht nur, was mit Snuggi passiert ist!", sagte Milton ganz aufgeregt. „Das war bestimmt Brutus."

„Wer ist denn Brutus?", fragte Großvater Howard.

„Der Dobermann von gegenüber", antwortete Milton. „Seine Besitzer haben ihn nicht richtig erzogen und er ist ein ganz gemeiner Hund."

Milton trug Snuggi zum Spülbecken in der Küche, um ihr die Wunden auszuwaschen und das Ohr und die Pfote zu verbinden. Seine Mutter half ihm dabei.

Als sie Snuggi versorgt hatten, trug Milton sie zum Wohnzimmersofa, um mit ihr zu schmusen und sie zu trösten.

Großvater Howard saß in einem Sessel und schaute ihnen zu.

Es dauerte nicht lange, da begann Snuggi, die auf Miltons Brust ausgestreckt lag, entspannt zu schnurren. Sie schnurrte so inbrünstig, dass es Milton ganz warm und glücklich ums Herz wurde. Es kribbelte in seiner ganzen Brust bis zum Rücken.

Milton überlegte. „Du, Opa", fragte er, „wie kann Snuggi so glücklich sein, wenn sie gerade erst verprügelt worden ist?"

„Weißt du, Milton, Katzen sind anders als wir
Menschen. Snuggi kann ganz leicht vergessen, was
gestern geschehen ist und sie sorgt sich auch nicht um
morgen. Sie lebt im Jetzt. Deshalb ist sie glücklich,
obwohl sie erst vor kurzem von Brutus angegriffen
wurde. Die meisten Menschen leben nicht im Jetzt.
Sie denken fast nur an gestern oder an morgen.
Und die meiste Zeit sind sie unglücklich."

Milton dachte einen Augenblick nach und fragte
dann: „Das Jetzt? Was soll das heißen, Opa? Was ist
das Jetzt?"

„Milton?"

„Ja, Opa?"

„Achte einmal auf das, was um dich herum ist.
Schau hin ... höre hin."

Dann breitete er seine Arme so weit es ging aus
und sagte: „Das ist das Jetzt."

„Oh, Mann!" rief Milton.

„Ganz gleich, wo du bist", sagte der Großvater,
„das ist das Jetzt. Du musst nur drauf achten."

„Opa", fragte Milton, „kannst du immer im Jetzt leben wie Snuggi?"

„Manchmal schon", sagte Großvater Howard, „aber nicht immer."

Da rief Miltons Mutter aus der Küche: „Komm frühstücken, Milton! Du kommst sonst zu spät zur Schule."

In der Schule hielt Milton den
ganzen Tag Ausschau nach Carter.
Er hielt Ausschau in den Fluren,

im Essraum,
auf der Toilette,
auf dem Spielplatz.

Er wollte ihm nicht wieder
in die Arme laufen.

Nach dem Abendessen waren Milton und sein Großvater im Garten hinter dem Haus. Milton sah wieder sehr besorgt aus und sein Großvater sagte: „Deine Mutter und dein Vater glauben, dass dich irgendetwas bedrückt, Milton, und ich habe es auch bemerkt. Willst du mir davon erzählen?"

Milton konnte spüren, wie die Angst wieder in ihm hochstieg.

Nach einer Weile sagte er: „Ein Junge aus der sechsten Klasse hat mich auf dem Schulhof umgeschubst, nur, weil ich Milton heiße. Er ist so groß, Opa – was, wenn er es wieder versucht?"

Der Großvater hob seine rechte Hand und wies mit dem Zeigefinger auf Milton. „Versprich mir: Wenn er jemals wieder versucht, dir etwas zu tun, dann erzählst du es sofort deinem Papa und deiner Mama, und auch deiner Lehrerin."

„In Ordnung, ich verspreche es", sagte Milton.

„Wann ist es denn passiert?", fragte Großvater.

„Gestern."

„Ich verstehe", sagte Großvater, „gestern. Es ist also gestern passiert. Aber jetzt, in diesem Augenblick, passiert es doch nicht, oder?"

Milton war verärgert und frustriert. „Natürlich passiert es nicht jetzt", sagte er, „aber ich habe Angst, dass er es wieder versucht!"

Großvater antwortete: „Wenn er es wieder versuchen sollte, dann wird das demnächst in der Zukunft sein, oder? Du machst dir Sorgen über die Vergangenheit und denkst an die Zukunft. Vergisst du nicht etwas? Damals und Demnächst sind in deinem Kopf. Jetzt sind sie aber nicht hier, oder?"

„Ich verstehe das nicht", sagte Milton. „Damals und Demnächst sind in meinem Kopf? Was meinst du damit?"

Aber der Großvater antwortete nicht. Er schaute Milton einfach nur verständnisvoll an und lächelte.

Als Milton abends im Bett lag, begann er wieder
über Carter nachzugrübeln. Er dachte daran,
was dieser ihm angetan hatte und überlegte, was er
wohl beim nächsten Mal tun würde.

Er dachte … und dachte … und dachte.

Als er endlich einschlief, fand er sich in einem
seltsamen Traum wieder.

Er läuft so schnell er kann eine dunkle Straße entlang. Sein Herz klopft ihm bis zum Hals. Er läuft vor jemandem weg, der immer näher kommt. Es ist Carter.

Plötzlich, am Ende der Straße, stößt er auf einen grimmigen, böse knurrenden Hund. Es ist Brutus. Wenn er jetzt anhält, wird Carter ihn erwischen. Wenn er weiterläuft, wird Brutus ihn genauso zurichten wie Snuggi.

Seine Beine zittern und seine Knie geben fast nach. Milton bleibt wie angewurzelt stehen.

Was kann er bloß tun?

Da fällt sein Blick nach rechts auf eine kleine Tür. Sie sieht aus wie der Eingang zu irgendeinem Laden.

Er öffnet eilig die Tür und befindet sich zu seiner Überraschung in der Eisdiele!

„Ach, da bist du ja! Ich habe schon auf dich gewartet, Milton", begrüßt ihn die Eisverkäuferin.

„Ich werde von einem Jungen verfolgt, der heißt Carter, und ein großer, böser Hund ist auch hinter mir her", sagt Milton aufgeregt.

„Niemand verfolgt dich und es ist auch kein böser Hund hinter dir her. Das ist alles in deinem Kopf."

„Nein, ist es nicht", sagt Milton, „die sind da draußen und warten auf mich."

„Setz dich hin, mein Schatz, ich will dir etwas zeigen",
sagt die Eisverkäuferin.

„Den neuen Eisbecher des Monats ... Schokokadabra?"

„Nein, etwas viel besseres", entgegnet sie.

Die Eisverkäuferin greift unter den Tresen und holt
einen leuchtenden Lichtball hervor, der auf einem
Eisschälchen liegt. Milton hat das merkwürdige Gefühl,
dass das Licht lebendig ist.

„Das ist aber kein Eis", sagt er. „Was ist das?"

„Das ist eine Lichtblase, mein Schatz. Ist sie nicht
wundervoll?"

Im selben Augenblick macht die Blase „PLOPP" und
zerbirst in einem Funkenregen. Milton starrt auf das leere
Schälchen.

„Oh, schade – sie ist weg!", sagt Milton.

„Nein, sie ist nicht weg", sagt die Eisverkäuferin.
„Das Licht lässt sich nur nicht gerne anschauen, deshalb
hat es sich versteckt. Sieh nach, ob du es finden kannst."

Milton durchstreift die ganze Eisdiele mit seinem
Blick. Aber wie sehr er sich auch bemüht – die Lichtblase
ist nirgends zu sehen. Plötzlich hört er ein merkwürdiges
Geräusch. Es klingt wie ein winziger Elektromotor.

Schnurrr-schnurrr. Schnurrr-schnurrr ...

Das klingt doch wie ... Snuggi, natürlich! Dort sitzt
sie, auf dem Tresen, die Augen halb geschlossen, und
schnurrt selig vor sich hin. Was macht denn seine Katze
hier in der Eisdiele?

Einen Moment lang kommt es Milton vor, als
würde Snuggi von innen heraus leuchten, und er fragt
die Eisverkäuferin: „Hat sich die Lichtblase in Snuggi
versteckt?"

„Genau", sagt sie, „aber das Licht ist keine Blase
mehr. Es ist einfach nur Licht. Und deine Katze schnurrt,
weil sie es spüren kann, und weil es sich gut anfühlt."

„Wo versteckt sich das Licht wohl sonst noch?",
fragt sie dann und beugt sich zu der Blume
auf dem Tresen herab, um an ihr zu riechen.

Milton sieht ein winziges Leuchten
im Inneren der Blume und um sie herum.

„Ist es etwa ...?", beginnt er.

„Ja, das Licht ist auch in der Blume",
unterbricht ihn die Eisverkäuferin.
„Darum ist sie auch so schön. Und wo ist
es sonst noch?"

Milton schaut in ihre großen, braunen
Augen.

„Deine Augen leuchten so", sagt er.
„Ich glaube, das Licht ist auch in dir."

„Richtig, mein Schatz. Weißt du, das
Licht ist in allem, was es gibt, immerzu.
Es macht alles lebendig."

Milton schaut herunter auf seinen
Körper. „Was ist mit mir? Ich kann kein
Licht in mir sehen."

„Nein, in dir selbst kannst du es nicht
sehen, aber du kannst es immer fühlen."

„Ich kann es fühlen?", fragt Milton.

„Sicher, das ist ganz einfach. Lass
mich dir eine Frage stellen: Bist du
lebendig?"

„Natürlich bin ich lebendig", erwidert
Milton.

„Sagst du das jetzt nur so, oder kannst
du auch spüren, dass du lebendig bist?"

„Wie meinst du das?", fragt Milton.

„Nimm zuerst deine Hände. Kannst
du das Licht in ihnen spüren?"

Milton schließt kurz seine Augen. „Ich spüre ein Kribbeln in meinen Händen."

„Das ist es", sagt die Eisverkäuferin. „Du fühlst das Licht. Kannst du das Licht auch in deinen Füßen spüren?"

„Ja, da spüre ich es auch."

„Und in deinen Armen und Beinen?"

„Ja."

„Kannst du das Licht in deinem ganzen Körper fühlen?"

„Mein ganzer Körper fühlt sich irgendwie warm und kribbelnd an."

Milton schaut sich in der Eisdiele um. „Jetzt sieht auch alles etwas verändert aus. Genau wie neulich, als mein Großvater über das Jetzt gesprochen hat."

„Das ist richtig, Milton. Dein Großvater hat dir die Außenseite des Jetzt gezeigt. Und hier spürst du die Innenseite."

„Die Innenseite des Jetzt?", fragt Milton.

„Ja, wenn du das Licht in deinem Körper spürst, bist du im Jetzt. Dann hast du keine Angst mehr. Das Licht hilft dir, dich stark zu fühlen."

„Wirklich?", sagt Milton, „das ist ja toll."

„Und jetzt, wo du es kennst, kannst du das Licht jederzeit spüren, wenn dir danach ist."

„Oh, das ist ja noch viel toller!", ruft Milton.

„Lass uns die Sache mit der Innenseite des Jetzt für uns behalten, abgemacht? Die meisten Menschen sind noch nicht bereit, das zu verstehen."

„Kein Problem", antwortet Milton.

„Kein Problem, kein Problem", murmelte Milton
immer noch vor sich hin, als er aus seinem Traum aufwachte
und merkte, dass er in seinem warmen Bett lag.

Er öffnete seine Augen.

Der Halbmond warf sein blasses Licht auf sein Bett.
Der Baum im Garten vor seinem Fenster stand ganz still.
Nur ein paar Blätter bewegten sich im Windhauch.
Ein vorbeifahrendes Auto war zu hören ... und dann war
es wieder still.

Milton konnte immer noch spüren, wie sein ganzer
Körper kribbelte.

Er fühlte sich glücklich, einfach so.

Doch am nächsten Morgen im Schulbus begann
Milton wieder zu grübeln und sich Sorgen zu machen.
Er hatte wieder Angst davor, in die Schule zu gehen.

Dann erinnerte er sich daran, was ihm die
Verkäuferin aus dem Eissalon im Traum gesagt hatte.
„Spüre das Licht in deinem Körper, dann hast du keine
Angst mehr."

Milton fand, dass es ihm nicht schaden könnte,
es einfach einmal auszuprobieren. Also probierte er
es aus. Seine Hände begannen wieder genauso zu
kribbeln und seine Füße auch ... und dann konnte er
das Licht wieder in seinem ganzen Körper spüren.

Jetzt bin ich im Jetzt, dachte Milton, *es fühlt sich gut
an, im Jetzt zu sein.*

Während des Nachmittagsunterrichts meldete
sich Milton und fragte, ob er auf die Toilette dürfe.
Frau Ferguson lächelte ihn an und nickte.

Milton wusch sich gerade die Hände und genoss es, das kühle Wasser auf seiner Haut zu spüren, als die Toilettentür hinter ihm aufsprang und jemand heraustrat. Milton blickte in den Spiegel und sah den Umriss eines großen Jungen. Der Junge musterte sich kurz im Spiegel, ohne Milton wahrzunehmen.

Wie unglücklich er aussieht, dachte Milton. Dann erkannte er plötzlich – oh, nein! – dass der andere Junge Carter war.

Carter rieb sich die kurz geschorenen Haare kräftig mit beiden Händen, setzte sein anmaßendes Gesicht auf und verließ den Raum.

Er ist unglücklich, dachte Milton. Deshalb will er die anderen auch unglücklich machen. Aber ich werde keine Angst mehr vor ihm haben. Milton spürte das Licht in seinem Körper. Ich werde vor nichts und niemandem mehr Angst haben.

Nach der Schule kam Milton gerade rechtzeitig nach Hause, um sich von seinem Großvater zu verabschieden, der wieder nach Hause fahren wollte.

„Opa," sagte Milton aufgeregt, „ich habe keine Angst mehr! Nicht vor Carter und auch vor keinem anderen. Und ich kenne das Geheimnis, wie man im Jetzt bleiben kann – genau wie Snuggi."

„Und was ist das für ein Geheimnis?", fragte der Großvater.

Milton rückte ganz nahe an seinen Großvater heran und flüsterte ihm ins Ohr: „Du musst die Innenseite des Jetzt finden."

„Die Innenseite des Jetzt? Und wo finde ich die?"

„Das kann ich dir nicht verraten. Es ist nämlich ein Geheimnis. Aber ich weiß, du wirst es selbst herausfinden."

Eckhart Tolle ist ein zeitgenössischer spiritueller Lehrer, der keiner bestimmten Religion oder Tradition angehört. Seine Bücher *Jetzt – Die Kraft der Gegenwart* und *Eine neue Erde* sind zu Bestsellern geworden. Eckhart Tolle lebt in Vancouver, Kanada.

Robert S. Friedman ist Präsident und Mitbegründer der Hampton Roads Publishing Company, Inc. Er lebt in Charlottesville, Virginia.

Der Künstler **Frank Riccio** wurde mehrfach für seine Buchillustrationen ausgezeichnet. Er hat unter anderem das erfolgreiche Kinderbuch *Ich bin das Licht – die kleine Seele spricht mit Gott* gestaltet und lebt in Charlottesville, Virginia.

Weitere Informationen zu Eckhart Tolle finden Sie unter **www.eckharttolle.com** (englisch) und **www.eckharttolle.de** (deutsch).

Weitere Produkte von Eckhart Tolle finden Sie unter **www.weltinnenraum.de**